Légende

DE

LYDERIK,

Premier Forestier de Flandre.

LYDERIK.

LÉGENDE

DE

LYDERIK,

FONDATEUR DE LA VILLE D'AIRE EN 641,

PAR

Eugène Bernard.

Abandonnée au peuple, la vérité s'altère et s'obscurcit par la tradition ; elle s'y perd dans un déluge de fables. L'héroïque devient absurde en passant de bouche en bouche. D'abord on l'admire comme un prodige, bientôt on le méprise comme un conte suranné, et on finit par l'oublier.　Marmontel.

<hr>

AIRE.

Chez GUILLEMIN, imprimeur-libraire,
Rue de St.-Omer, 43.

1847.

PRÉFACE.

S'il y a un fondement à toute grande impression produite sur l'esprit des peuples, ne souriez pas en lisant le récit des aventures merveilleuses du héros qui fonda notre ville. Nos pères écoutaient, émus et pensifs, la légende que nous allons raconter, et qui eut douté autrefois de l'exactitude historique de cette narration eut soulevé contre lui l'indignation générale. De nos jours, les épisodes de la vie de Lyderik ont encore le privilège de charmer les loisirs des familles de la Flandre. Ils ne sont plus narrés avec enthousiasme, avec une foi fervente ; mais le père se plait toujours à les transmettre à son fils, comme une vivante et poétique expression des sentiments de la bonhomie crédule de ses aïeux. Que les philosophes affectent du dédain pour toutes ces naïves croyances populaires ; qu'ils regardent nos légendes comme des fables pieuses, comme la mythologie d'une nation chrétienne, elles n'en portent pas moins un caractère de certitude facile à découvrir au milieu des élucubrations romantiques des trouvères. D'ailleurs, tout travesti, tout défiguré que soit le fond de cette légende, il nous instruit sur l'état de l'intelligence et des mœurs de nos ancêtres. En le dépouillant de son enveloppe enluminée, il restera des faits clairs, précis, curieux à étudier, et en tous points dignes de crédit. Dans les anciens âges, lorsque la vérité paraissait trop simple, on l'ornait, on avait recours à la fiction, et voilà comment notre guerrier flamand se trouve, en quelque sorte, placé ici sur un piédestal, avec des proportions exagérées, et dans une perspective qui le rend colossal.

Il est difficile de se prononcer sur le véritable auteur de la légende qui va suivre. Elle fut sans doute l'une de ces chansons de gestes rimées par les trouvères et traduites en prose dès le commencement du XIV⁰ siècle (*). L'épopée du Chevalier du Cygne,

---

(*) Les Germains, au dire de Tacite, composaient des chansons de gestes sur toutes les actions dignes de mémoire. Suivant cette coutume, les Franks chantaient en vers la gloire de leurs chefs. On cite un poète historien Frank de l'an 412. Ce qu'il y a de certain (voir Eginhart), c'est que Charlemagne a fait recueillir les chants héroïques des Germains, chants que le clergé traduisit du tudesque en latin, tout en y appliquant d'autres formes, parce qu'ils provenaient de nations païennes. Le plus grand nombre des traductions de ce genre datent des XII⁰ et XIII⁰ siècles. Cent ans plus tard, environ, on les remplaça par des bouts-rimés en langue vulgaire. — Parmi tous les grands seigneurs d'autrefois qui furent le sujet d'un poème héroïque, l'auteur d'une chronique latine du X⁰ et du XI⁰ siècle mentionne Thiéderik de Berne, qui vivait longtemps avant lui.

écrite vers l'an 1120, a beaucoup d'analogie avec celle de Lyderik : toutes deux elles semblent avoir le cachet de la même époque. Deux manuscrits latins du XIIIe siècle ; la chronique latine de Jacques de Guyse (antérieure à 1398, date du décès de l'annaliste) celle de Jean Lemaire, historiographe de Maximilien 1er et de Marguerite d'Autriche, sœur de Charles-Quint, Gouvernante des Pays-Bas ; celle de Jacques Meyer (antérieure à 1552, date de la mort de cet historien) ; les chroniques de Louis Brezin (du milieu du XVIe siècle), de Richart de Wassebourg (*Antiquités de la Gaule Belgique* — Paris, édition de Girault, 1549), de Pierre d'Oudegerst, de la fin du XVIe siècle, de Jean Buzelin (antérieure à 1629, date du décès de cet érudit), et quantité d'autres chroniques anciennes ne sont que des reproductions, des copies serviles ou des paraphrases prolixes de monuments plus vieux. Albérik le Noir est soupçonné d'avoir intercalé dans la biographie de Lyderik des fragmens d'une chanson de gestes relative à un autre personnage, et d'avoir ainsi altéré la vérité historique des actions de l'un des premiers souverains de la Flandre; mais est-il présumable qu'aucun des annotateurs précités, qui ont écrit postérieurement à Albérik, ne se soient point aperçus de cette interpolation et n'aient pas eu, si elle existait, le soin de se reporter à la tradition qui, d'âge en âge et de bouche en bouche, avait dû transmettre, en l'embellissant plus ou moins, la version primitive des contemporains de

Lyderik ? Selon nous, la voix du peuple avait ap-
pris aux guides que nous suivons les détails ci-après
que l'art typographique perpétuera.

LÉGENDE DE LYDERIK,

Fondateur de la ville d'Aire.

CHAPITRE PREMIER.

Clotaire-1er. avait compris dans un arrêt de pros-cription les descendants des traitres qui avaient com-battu parmi les Allemands contre l'armée de Clovis. Au nombre des familles condamnées au bannissement se trouvaient celles de Salvaert, prince de Dijon, et de sa femme Hermengarde ou Emelgaïde, dame de Roussillon. (1) A la nouvelle de l'Edit qui le contrai-gnait à l'exil, Salvaert s'était hâté de plier bagages, de faire charger douze chevaux de ses objets les plus

---

(1) Ermengarde on Emelgaïde était fille de Gérard de Roussillon, né de Dineus et de Ste.-Léovile, duchesse de Lan-gres, issue, dit-on, de Gondengus qui était roi de Bourgogne fdu temps de Mérovée. Gérard avait dû aussi quitter ses domai-nes, lorsque le pays dont il était l'un des grands propriétaires céda à l'ascendant du plus puissant de ses Maires. Il alla onder en Hainaut les abbayes de Leuze et d'Anthoing, et se retira dans ces contrées. — Il est aussi question d'un Gérard de Roussillon du Xe. siècle, à l'occasion d'une guerre survenue entre Regnez III et Guerri ou Gueric le sor (Géri le Roux); mais nous ne savons si l'héritage de Gérard, que se disputaient ces deux guerriers, était celui d'un descendant du p⸴ e d'Er-mengarde.

précieux, puis de se mettre en route afin d'émigrer en Angleterre. C'était alors la fin du VIe siècle, époque où la Bourgogne était agitée par des dissensions intestines.

Avant d'abandonner la Bourgogne et de gagner le port *Itius* (Calais, Boulogne ou Wissant) pour, de là, aller demander l'hospitalité au roi d'Albion, son parent, Salvaert avait résolu de faire une visite à l'un de ses cousins, à Phinart, roi de Cambrai. Il avait informé celui-ci de ses intentions, et, sur l'assurance d'un accueil amical, donnée en réponse à son message, il é.ait entré dans la forêt des Ardennes ou forêt Charbonnière, dite *sans pitié*.

Phinart attendait avec la plus vive impatience les fugitifs de la Bourgogne. Après avoir terminé les préparatifs nécessaires à l'éxécution des desseins qu'il préméditait, il marcha, sous l'escorte d'une bande de serfs, à la rencontre de la troupe voyageuse, qu'il ne tarda pas à apercevoir. Bientôt, ses satellites et lui s'élancent à bride abattue, atteignent Salvaert, se précipitent à l'improviste sur lui, et fondent sur les cavaliers, ses fidèles serviteurs, qui l'accompagnaient. Le choc fut terrible. De part et d'autre le fer décima des combattants. Mais l'agression, bien supérieure en force numérique, vit réussir sa perfide embuscade et s'empara d'un butin considérable. Tous les compagnons de voyage de Salvaert furent tués, à l'exception d'Ermengarde et de l'une de ses suivantes, assez heureuses pour échapper, par la fuite, à un horrible carnage. Plus occupés du soin de dépouiller leurs victimes, d'enlever les ornements d'or et d'argent dont les esclaves même étaient couverts, les meurtriers n'avaient point remarqué la disparition des deux voyageuses, qu'une épaisse futaie dérobaient aux regards de ces bourreaux.

Ermengarde portait alors dans son sein le fruit de son union avec Salvaert. Navrée de désespoir, brisée par la fatigue, elle errait depuis longtemps à travers la forêt, sans savoir, au déclin du jour, où reposer la tête. N'en pouvant plus de lassitude, elle s'arrêta enfin près d'une fontaine (2) et appela, en ce lieu, un sommeil qui s'obstina à la fuir. Le lendemain, dès le lever de l'aurore, elle se trouva inopinément en présence d'un de ces hommes qui, au VIIe. siècle commençaient à se retirer du monde, du contact de la société, à vivre au milieu des bois. Cet homme, c'était un ermite du nom de Lyderik. Il venait puiser à la source d'eau vive sa boisson ordinaire.

Ermengarde et l'ermite s'abordèrent incontinent. La princesse Salvaert exposa ses malheurs, sa position assez apparente de mère putative, et manifesta ses craintes d'un enfantement prématuré.

— Ayez confiance en la Sainte Vierge, dit le compatissant anachorète; elle ne voudra pas que vos affligeantes émotions d'hier aient des suites funestes.

---

(2) La fontaine de *Le Saulx*, le plus ancien monument lillois, est située hors la ville, entre les faubourgs de Béthune et de la Barre, à l'extrémité nord de l'avenue du *Blanc Ballot.* Il est question de rouvrir ce puits antique, en considération des souvenirs qu'il rappelle. On l'avait comblé lors de la démolition de la chapelle qui se trouvait à quelques pas de là, au moment de la Révolution de 1793.

Le pieux solitaire ne se contenta point de prodiguer des paroles de condoléance ; il offrit aux deux infortunées une large part de sa frugale nourriture, de plus, il les abrita sous une tente de feuillage où elles s'endormirent dès qu'il les eut quittées.

Pendant son sommeil, Ermengarde vit une femme tenant un enfant entre ses bras ; elle crut entendre ce langage prophétique : « Voilà votre fils ; il croîtra en sagesse et en beauté ; il tirera vengeance de l'assassin de son père. » L'apparition s'évanouit ; Ermengarde se réveilla dans les douleurs de la maternité, et sa délivrance heureuse s'opéra sous les yeux ébahis d'une ignorante confidente.

La joie d'avoir un fils fit oublier à la malheureuse proscrite ses récentes souffrances. Malgré son épuisement, elle eut la force de gravir un petit monticule du haut duquel elle chercha à découvrir un sentier battu ; mais, de ce malencontreux observatoire, au lieu d'un chemin frayé, elle découvrit des émissaires de Phinart. Saisie d'épouvante, la voilà descendant, en toute hâte, du tertre ; allant cacher son enfant derrière une touffe d'arbrisseaux, dans une petite excavation tapissée de verdure, puis s'éloignant du berceau gazonné, en le recommandant à la garde de Dieu.

Ermengarde et sa suivante ne tardèrent pas à gémir captives dans une tour du château du Buck (3)

______

(3) Busk, dans l'ancien idiome Normand, signifiait *Bois.* V. *Trésor National,* p. 119. T. 3. 2ᵉ série. *Buck,* en Flamand, *Buche,* en Allemand, signifient *Frêne.* Le Frêne est un arbre que les paiens consacraient au Dieu Mars. Nos contrées, jadis couvertes de bois, possédaient aussi un grand nombre

Que deviendra le fruit des entrailles de la pauvre mère arrachée, éperdue, à sa dernière consolation? La bonté céleste veille et les jours de l'enfant ne sont pas en péril.

L'ermite, s'acheminant, selon sa coutume, vers la fontaine, entendit des vagissements aigus, vit une biche accourir et se diriger du côté d'un buisson où elle avait jeté bas, peu de jours auparavant, un faon, depuis égaré. Il s'approche du lieu d'où s'élevaient ces cris plaintifs; quel spectacle prodigieux s'offre à sa vue! Comme autrefois l'enfant de Geneviève de Brabant, comme autrefois Cyrus et Abydus, une chétive créature humaine recevait l'allaitement d'une biche, chose moins surprenante encore, du reste, que la tendresse de la louve nourricière de Romulus et de Remus.

L'anachorète a tout deviné, tout compris. Il tremble pour la mère du nouveau-né en faveur duquel l'Etre-Suprême manifeste sa toute-puissance. Bientôt, l'orphelin est recueilli, baptisé du nom de son bienfaiteur. Le nouveau Lyderick, à mesure qu'il se développait, donnait les plus belles espérances. A l'âge de dix ans, il apprit les malheurs de sa famille.

---

de temples dédiés à la divinité de la guerre. Cependant, divers étymologistes font dériver *Buck* du mot tudesque *Beck*, rigole, petit ruisseau. Notre pays fut en effet entrecoupé d'une quantité infinie de courants d'eau. — Il y avait, au VIII siècle, un village, près du Weser, nommé *Buch*. En 810, un fort, construit près de l'Elbe, était dénommé *Hobbuch*. Il existe encore, en Saxe, un lieu appelé *Buch*. Nous croyons que *Buck* veut dire *lieu entouré d'eau*.

Envoyé en Angleterre pour se former aux usages de la cour, le fils adoptif de l'homme de la forêt fut investi, à dix-huit ans, d'une charge importante de la maison du roi (4). C'est alors qu'il ressentit les premiers feux d'un amour partagé par la belle Gratienne, fille du souverain, avec laquelle, *ex illicita copulâ*, il eut, dit-on, quelque progéniture.

Cependant, malgré les délices de l'intimité de la jeune princesse royale, Lyderick méditait le dessein de venger le sang de son père et de briser les chaines de sa mère. C'était pour lui un devoir sacré, impérieux; aussi Gratienne, loin de le retenir, l'encouragea-t-elle dans ses résolutions. Il partit donc pour la France, sur la promesse que Gratienne en ferait un roi d'Angleterre, et avec le regret de ne pouvoir, contre la volonté de celle-ci, vider une querelle entre lui et un comte dont le nom ne nous est pas connu.

De Douvres, Lyderik débarqua à Bruges avec son escorte, puis s'en fut trouver le roi de Soissons, pour le prier de faire déférer, par les armes, à Phinart, la preuve de sa culpabilité ou de son innocence. Le combat singulier s'appelait alors *Jugement de Dieu*. La coutume en avait été introduite par les peuples scandinaves, qui, vivant sans lois et sans mœurs, se trouvaient obligés de se défendre personnellement.

---

(4) Ce fait est raconté de plusieurs manières. Certains disent que le roi d'Angleterre, étant venu, avec une petite flotte, à Bruges, pour y négocier des affaires importantes, et, de là, étant allé à Tournai, puis jusqu'à l'ermitage de Lyderik, aurait vu, à l'âge de trois ans, le fils de Salvaert, déjà grand de taille, et l'aurait emmené avec lui.

Clotaire II, rendant hommage aux motifs légiti-
mes du défi porté à Phinart, signa un ordre par lequel il obligeait ce dernier à se battre en duel. Un
messager monte à cheval, franchit l'espace qui le
séparait du château du Buck et se présente au gigan-
tesque brigand possesseur du Castel. Phinart, décon-
certé, pâlit en apprenant qu'il allait avoir à se jus-
tifier de sa conduite. Il se défend de l'accusation por-
tée contre lui, allègue que le prince de Dijon, tué
par lui en loyale guerre, n'a, d'ailleurs, jamais eu
d'enfant. Toutefois, il promet de se tenir prêt au
jour indiqué pour l'épreuve. Le duel décidera s'il
était l'auteur ou non du crime qu'on lui imputait.

Lyderik n'eut garde de manquer au rendez-vous.
Les deux champions se mesurèrent sous les yeux du
roi. La lutte fut longue et acharnée. Mais Lyderik,
déployant une force et une agilité vraiment extraor-
dinaires, sortit vainqueur de ce combat à outrance.
Phinart fut frappé et étendu mortellement près
du pont de Phin (5)

---

(5) Le *Pont de Phin*, *Fives*, *Fin ou Seclin*, conduit de la
rue des ponts de Comines à celle du Cheval Blanc. Il fut construit en briques en 1263.— En 1600, lors de la venue d'Albert
et d'Isabelle, et en différentes autres occasions, on dressa en
cet endroit un théâtre où l'histoire de Lyderik était reproduite par le pinceau. Sur la frise, on lisait des vers plus ou moins
poétiques, analogues aux personnages représentés.— Il existe
en Cambresis un village du nom de Fins, un autre du nom de
Fives (cinq sources) près Lille. Si la dénomination de ce passage
n'a rien de commun avec celle des communes que nous venons
de citer, il la doit probablement à son ancienne position géo-
graphique, lorsqu'il se trouvait, avant l'agrandissement de Lille,
aux confins de cette cité. Si on avait eu l'intention de rappeler
le souvenir de Phinart, on lui aurait donné le nom entier du
personnage.

En conséquence de ce triomphe, Clotaire proclama Lyderik grand forestier de Flandre; Ermengarde revit son fils; la tête de l'odieux meurtrier de Salvaert fut exposée aux créneaux de la forteresse ; la Lys, la Deûle et l'Escaut coulèrent désormais sous l'autorité du dépositaire des pouvoirs du roi de Soissons dans nos parages. Notre héros devint possesseur des trésors et du château du Buck, en même temps qu'on lui conférait l'investiture de tout le pays entre la Somme et l'Escaut. Ces événements se passaient vers 620, sous l'Episcopat de St.-Achaire, évêque de Noyon et de Tournai.

Lyderik ne s'en tint pas à ses premiers succès. Il purgea la Flandre des bandes de vautours humains qui infestaient ses forêts ; il tua le féroce Kosel ou Kasal qui occupait le château de Cassel; enfin, il ramena la sécurité, et gagna la confiance et le respect de toutes les populations qui accoururent se placer sous l'égide protectrice de sa domination. Le libérateur d'Ermengarde commençait à jouir de sa gloire dans une heureuse quiétude d'esprit, lorsque sa mère et son père nourricier vinrent à mourir. Il leur fit élever un tombeau sur lequel le peuple vint verser d'abondantes larmes, tant le deuil était général et les regrets poignants. Le tumulaire d'Ermengarde portait les mots latins dont voici la traduction: « Je « fus Ermengarde qui souffrit au monde des maux « dont la délivrance est venue. Maintenant, je vais « aux cieux ; car Dieu m'appelle. Privé de ta mère, « Lyderik, sois heureux jusqu'à ta mort. » — L'ermite reçut aussi avec pompe les honneurs de la sépulture. L'épitaphe gravée sur son tombeau nous paraît confondue par d'Oudegherst avec celle du forestier. Nous en reparlerons plus loin.

Chapitre Deuxième.

Trois jours après l'installation du forestier, un jour que Lyderik et ses piqueurs forçaient un cerf dans la forét Charbonnière, une voix dolente vint retentir à leurs oreilles ; une jeune fille, richement vêtue, s'offrit à leurs yeux. Elle était assise au pied d'un vieux chêne dont les mille bras semblaient lui servir de protecteurs. Le grand chasseur saute à bas de son vigoureux destrier, s'approche de la belle inconnue, et lui dit :

— Ces sanglots trahissent une bien vive douleur. Pourquoi de si chaudes larmes s'échappent-elles de vos paupières ? Quelle est la cause de ce cuisant chagrin ?

— Frank, répondit la belle éplorée, depuis hier que je croise au hasard les sentiers sinueux de ce domaine, je suis en proie au plus violent désespoir. J'ai vu frapper mortellement celui qui devait faire mon bonheur. Le spectacle d'un amant inanimé troubla mes esprits. Je marchai longtemps sans songer où me conduisaient mes pas, sans réfléchir aux périls de mon isolement. Poursuivie, tantôt par un sanglier, tantôt par un taureau sauvage, vingt fois je me suis vue sur le point d'être broyée sous la dent de ces animaux. Enfin, accablée de fatigues, je me suis étendue sur ce tapis de verdure, afin de chasser la lassitude de mes membres.

Le cœur de Lyderik, ouvert à la compassion, s'apitoya sur le sort de la jeune fille. L'hospitalité, généreusement offerte, fut acceptée avec empressement par l'inconnue. Les choses se passèrent convenablement. Arrivée au château du Buck, l'étrangère soupa avec le forestier, puis elle se retira dans un appartement préparé pour elle seule. La jeune fille goûta les douceurs d'un paisible repos. Lyderik, au contraire, subit la langueur d'une longue insomnie. Son imagination était fouettée par le désir de mieux connaître la charmante personne logée à l'étage de la tour du Midi.

Le matin, la beauté se leva. Le calme d'un profond sommeil avait rasséréné ses traits. Quand elle parut devant son hôte, quand ses jolis yeux rencontrèrent les regards du forestier, Lyderik tressaillit.

La suavité vaporeuse de la blonde étrangère n'avait point tardé à le charmer. Dès cet instant, Lyderik conçut le projet d'une union. Mais, auparavant, il posa diverses questions à l'inconnue, qui, délivrée de ses vives angoisses de la veille, raconta ses peines de la manière suivante :

— Je me nomme Ydonie. Cédant à une passion brûlante, je résolus dernièrement de quitter la maison de mon père, et je partis furtivement avec Madrad, prince de Bourgogne, dans l'intention de contracter un mariage en Angleterre où ce seigneur féal et courtois possédait des biens immenses. En chemin, Madon de Poitou et Swichard de Pathenay nous atteignirent. Une lutte s'engagea entre celui que j'adorais et ces deux personnages. Le brave Madrad se défendit contre ses assaillants ; il en tua un ; mais voyant arriver deux autres agresseurs, l'un comte d'Arras, l'autre comte de Tournai, il ne pouvait plus espérer de salut. En effet, une estocade le terrassa. Témoin de ce sanglant tableau, je tombai alors, presque défaillante, au milieu d'épaisses broussailles, et les meurtriers me cherchèrent en vain pour me livrer à la fureur aveugle d'un père inexorable dont je veux taire le nom. Qu'il vous suffise de savoir le mien. (6)

---

(6) Les faits dont les chroniqueurs ont orné la légende de Lyderik varient quelquefois. Ainsi, suivant les uns, Ydonie déclara se nommer Hilefond ; suivant les autres, les sires de Poitou et de Parthenay étaient les ravisseurs de la jeune fille et s'en disputaient la possession, non loin d'Arras, quand survint fortuitement Lyderik, qui se fit le libérateur de la belle.

Lyderik fut vivement touché par ce récit. L'amour qu'Ydonie avait su lui inspirer devint de plus en plus intense. Il en fit bientôt l'aveu, et comme, à en juger par ce portrait plus ou moins apocryphe, que nous plaçons en tête de cette brochure, le physique du forestier n'avait rien de repoussant, il ne déplut pas à la sensible Ydonie. Elle devint épouse par l'anneau et le denier, suivant la coutume des Franks, et, le lendemain du *conjungo*, elle reçut, pour prix de sa pureté, le don du matin, selon l'usage de cette époque, c'est-à-dire des terres qui, désormais, lui appartenaient en propre.

Une postérité de 14 ou 15 fils et de 3 filles fut la conséquence de ce mariage, postérité bien moins nombreuse, d'ailleurs, que celle d'un roi des Belges du temps de David d'Israël, de Bano Belgimen, père de 85 fils, sans compter les filles. Quoiqu'il en soit de la problématique progéniture de ces personnages, toujours est-il qu'on a pris soin de recueillir les noms des enfants mâles dont Lyderik est le générateur présumé : En voici la nomenclature :

Josserand ou Yserand,

Antoine,

Burkard ou Bouchard, seigneur de Louvain,

Bauduin, seigneur de Somme Noble (Amiens),

Lyonet ou Lyonel, dit Ferréol de Locres, seigneur du Vermandois,

Aliano ou Aliame, seigneur de Noble (Arras),

Gallerand, seigneur de Nygelle,

Maurus ou Maurice, seigneur de Lille,

Saledon, seigneur de Sithiu (St.-Omer) ou d'Aire,

Manifred, Magniser ou Manifer, seigneur d'Aire ou
de Sithiu,

Gaudire, Gaudris, Sadien ou Bondu, seigneur de
Rivière (Douai), décédé en bas âge.

Godefroy, Geoffroy ou Montfort, seigneur de Blandin (Gand),

Ganimède, seigneur de Bruystock (Bruges),

Baudiamer, seigneur d'Harlebeck,

Lyderik, dit *le Petit*.

A cette liste nominale sur laquelle les anciens généalogistes des Comtes de Flandre ne sont pas toujours d'accord, comme on le voit, il faut ajouter le nom d'un enfant illégitime, Néavalon ou Namelon, fils de Lyderik et de Gratienne, conquérant de la Normandie, époux de la troisième fille d'un roi de Bretagne, et enfin chef d'une division territoriale de l'Angleterre. Lyderik eut, dit-on, en concubinage, un enfant du sexe féminin. Des chroniques peu dignes de créance lui attribuent aussi trois filles naturelles qu'il aurait eues de Gratienne. Il est bien difficile de découvrir la vérité au milieu de la confusion des légendes bariolées d'une époque si ténébreuse pour l'historien de nos jours. Mais revenons à notre héros.

Chapitre Troisième.

Il y avait environ vingt ans que le mariage de Lyderik et d'Ydonie était célébré, lorsqu'un jour, Clotaire II fit le voyage de Paris au château du Buck. Clotaire avait vu en songe une rose magnifique, entourée de quinze boutons ; il avait entendu une voix qui lui disait : « Pars demain pour la chasse ; tu rencontreras une biche presqu'entièrement blanche; tu la suivras sans relâche : elle te conduira auprès d'une rose dont l'aspect te rendra heureux. » Le roi obéit: son guide lui fait traverser une immense étendue de forêts et s'arrête enfin à proximité du château du Buck. Soudain, le son d'un cor d'ivoire retentit. La biche succombe sous les flèches d'un chasseur équipé d'un haut-bert et d'un baudrier d'or. Cet incident met Clotaire et Lyderik en présence.

Ce dernier, reconnaissant le roi, l'invite à se rendre au château et l'introduit dans un appartement où se trouvaient réunis ses quinze enfants. Clotaire, croyant remarquer le portrait de l'une de ses filles dans la figure des jeunes rejetons du forestier, témoigne le désir de connaître la châtelaine. Ydonie, en proie à une agitation fébrile, était alors alitée. A la prière de son époux, elle se lève, paraît devant le prince, et cette entrevue donne lieu à une scène de touchantes émotions. Ydonie se jette aux pieds du visiteur : c'était son père. Lyderik, extasié de cet événement, apprend bientôt qu'il a épousé Rothilde, fille de Clotaire II, à laquelle l'Artois et le Vermandois sont désormais dévolus en dot. L'alliance du forestier est sanctionnée par de nouvelles noces qui durent quinze jours, puis les conjoints et sept de leurs fils vont séjourner un mois à Paris où de brillantes fêtes et de magnifiques présents leur sont offerts, ainsi qu'il en avait été à Tournai, Douai et Arras, à l'égard du roi, lorsque, cédant aux sollicitations des députés envoyés par ces villes, il alla en recevoir les hommages avant de regagner son palais. Tout cela se passait en 642, quelques uns disent en 660, au mois d'Enfer (7). Il paraîtrait que Gratienne devint jalouse et ordon-

---

(7) Les mois étaient alors désignés par des mots partie latins, partie barbares. Les noms des mois que l'on trouvait en usage chez différents peuples signifiaient mois d'hiver, de boue, de printemps, de pâques, d'amour, brillant, des foins, des moissons, des vents, des vendanges, d'automne et d'enfer. Charlemagne leur donna des noms dans son propre idiome.

na à Namelon de se rendre au château du Buck dans l'espérance que sa venue causerait un grand déplaisir à Rothilde. Mais Namelon fut accueilli avec bienveillance. Jeune encore, il se distingua dans plusieurs batailles, notamment contre quinze chefs de tribus espagnoles qui ravageaient le territoire compris entre Paris et la Bourgogne. La Normandie lui appartint par droit de conquête, ou il l'obtint de Dagobert, en récompense de son courage.

Nous avons rapporté d'une manière fort succincte les épisodes qui précèdent, parce qu'ils nous semblent d'un romantisme outré. On a évidemment suppléé à la pauvreté de l'histoire de ce temps-là, par des détails controuvés et en dehors de toutes les proportions du possible.

CHAPITRE QUATRIÈME.

Lyderik ne vécut pas toujours en paix avec Clotaire II. S'il faut en croire certaines versions, le roi aurait été retenu captif pendant cinq semaines, à la suite d'une guerre entre lui et son gendre. Le *casus belli* était la mort de Josserand. Celui-ci avait subi la peine capitale dans les circonstances suivantes :

Le jour de la fête de St.-Jean-Baptiste, Josserand, se trouvant à Tournai, prenait part aux courses, danses, caroles, et à tous les divertissements en usage à cette époque. Dans l'intervalle de ces jeux, il avait acheté un panier de fruits à une pauvre femme et avait refusé de lui en payer le prix. La marchande, peu satisfaite de cet indélicat procédé, était partie pour Lille (château du Buck), afin de porter plainte au forestier. De là, elle avait repris la route qui conduisait à son logis, et, rentrant sous son humble toit, elle avait trouvé ses jeunes enfants gisant morts d'inanition. La prolongation imprévue de son absence en était la cause. Accourue, de nouveau, tout en se lamentant, auprès de Lyderik, elle lui avait exposé les motifs du malheur qui venait de la frapper. Le père de Josserand lui promit une vengeance et tint parole. L'auteur du méfait fut conduit à Tournai pour y être puni par le tranchant du glaive ou par la pendaison. Prosterné aux pieds du forestier, fondant en larmes, il eut beau implorer sa miséricorde; rien ne put conjurer l'inflexible sévérité paternelle, et l'exécution eut lieu *coram populo*. A cette nouvelle, Clotaire, furieux d'un pareil acte de barbarie, avait rassemblé son armée et livré un combat où il fut fait prisonnier.

Après cette bataille, voulant assurer à ses enfants une fortune égale, base de toute union de famille, Lyderik leur partagea ses biens, et les engagea à porter le blason de leur mère, c'est-à-dire les armes de Gérard de Roussillon.

Ces armes, que les descendants de Lyderik portaient au Xe siècle, cela est avéré, étaient gironnées d'or et d'azur, de 6 ou 12 pièces, avec un petit écusson de gueule ou de sinople au milieu. « *Je trouve par anciens cartulaires,* dit d'Oudegerst, *que Lyderik portait des armes gironnées d'or et d'azur, à un écusson de gueule par-dessus.* » Si l'on s'en rapporte à d'autres annales, ce blason aurait été celui de Phinard. Mais au dire du Père Daniel, les rois de la première et de la seconde race, et *à fortiori* leurs vassaux, ne portaient pas d'armoiries. Du reste, la véracité de cette assertion n'est pas plus facile à vérifier que celle du dernier combat où Lyderik perdit la vie. Le forestier eut-il à lutter contre Childebert le Moine, contre St.-Sigebert (mort en 636), roi de Metz ou d'Austrasie, père de Dagobert II, ou contre le Moine Fidebert, frère de Clotaire ou de Lothaire ? Fidebert, qu'il ne faut pas confondre avec Florbert, abbé de Gand, au VIIe siècle, a-t-il quitté l'habit religieux, après la mort de son père, pour s'emparer du trône, au préjudice de Dagobert, alors âgé de cinq ans ? A-t-il tenté de chasser les fils de Lyderik, pour confisquer leurs biens à son profit ? S'est-il avancé au devant d'Aire, pour en faire le siège contre Antoine et Namelon qui le défendaient avec le secours d'un duc de Neustrie, du comte de Soissons et de plusieurs autres ? A la suite d'un épouvantable carnage, Fidebert a-t-il pris la fuite ; a-t-il été chassé de Paris par Henri, duc de Bourgogne ; a-t-il fait la paix avec Antoine et Namelon qui vinrent à leur tour à Paris pour en expulser le duc de Bourgogne et y faire rentrer leur oncle Fidebert ? Henri, forcé de déguerpir devant une nombreuse armée, alla-t-il abjurer le christianisme en Espagne, et revint-il avec douze ou quinze roitelets païens et 120,000 hommes ravager diverses provinces jusqu'à proximité de l'antique Lutèce ? Antoine et ses frères repoussèrent-ils cette agression dont Lyderik le petit fut victime ; tuèrent-ils quatre ou six d'entre ces petits rois dont quatre autres se noyèrent dans la Seine, et le reste se sauva à la faveur de la nuit ? On ne saurait rien préciser à cet égard. Toutefois, la plupart des anciens écrits avancent que Childebert, fils de Grimoald, maire du palais, voulant enlever l'Artois et le Vermandois, durant sa courte usurpation du trône d'Austrasie, occupé au détriment de Dagobert II, rencontra Lyderik à la tête de ses gens d'armes, aux environs d'Amiens, et le blessa mortellement. Lyderik fut donc, vraisemblablement, occis de la main de l'un des moines Fidebert et Childebert, vers la fin de l'année 676, et non 692 comme le prétend d'Oudegherst. Le forestier reçut, par les soins de ses enfants, les honneurs de la sépulture, soit en l'église St.-Martin-lez-Aire qu'il avait fondée, soit au lieu où Antoine fit élever une autre église sous l'invocation de St.-Jacques. Celle-ci ayant été détruite par les Normands, au IXe siècle, Baudouin V fit construire, vers 1064, sur le même emplacement, la collégiale St.-Pierre, et l'on érigea un nouveau mausolée à la mémoire de Lyderik. Malbrancq déclare avoir vu ce tumulaire et y avoir lu l'inscription suivante :

Infirmis baculus, cæcis oculus, via claudis, Hic Ly-

derik erat. Deus illi præmia reddat. C'est à dire : Ici reposait Lyderik, le bâton des vieillards, l'œil des aveugles, le guide des boiteux. Que Dieu le récompense. (8)

Ce monument funèbre a pu être également visité par Buzelin, puisque le célèbre historien de la Flandre affirme qu'on voyait encore des vestiges de cette pierre votive dans le temps même où lui, Buzelin, écrivait (au commencement du XVIIe siècle), et il est probable que l'annaliste n'a pas dit cela au hasard, où d'après une vieille chronique, *chronicon vetus*, qu'il cite souvent. D'ailleurs, la mention ci-dessus reproduite est confirmée par la découverte du tombeau de Lyderik et de celui d'Antoine, dans le XVIIe siècle. Un fragment de l'épitaphe qu'Oudegerst prétend avoir été celle de la pierre sépulcrale de l'ermite : *Infirmis*, etc., a aussi été retrouvé. Cela suffit pour dissiper tous les doutes et porter la conviction dans tous les esprits.

On ignore la durée exacte du règne de Lyderik. Trois dates différentes figurent à ce sujet dans les anciens manuscrits : 44,-52,-57 ans. Les chroniques sont seulement unanimes à constater que le forestier fut obéi et aimé de son peuple ; qu'il n'usa des pou

---

(8) Cette épitaphe a subi quelqu'altération sous la plume des anciens annotateurs. Nous croyons inutile de recueillir les variantes, d'ailleurs sans importance, que nous avons trouvées. Le plus intéressant serait de savoir s'il y avait *Hic Lyderik erat* ou *Sic Lyderik erat*, tel était Lyderik.

voirs dont il était dépositaire, que pour la défense du sol et le bien général de la Flandre. Lyderik 1er fit élever à Bruges, à l'endroit où fut depuis l'église St.-Donat, une chapelle Notre Dame que la *chronique de St.-Bavon* attribue, sans doute à tort, à Lyderik II, en 801. Le premier chef reconnu des flamands est non-seulement regardé comme fondateur de Bruges, mais encore de Lille, en 622 ou 640 ; d'Aire, en 641. Gand lui dut sa première chapelle, au lieu où l'on construisit plus tard la Tour Rouge. Il aida Dagobert à repousser les Huns, donna de généreuses marques d'amitié à St.-Amand, fit convertir les Franks Odinistes au catholicisme, enfin il mérita d'être honoré. Malheureusement, selon l'expression de Louis XII, « si les Franks ont fait de grandes choses, ils n'ont pas su les écrire. » Et voilà pourquoi il y a tant de guerriers fameux du moyen-âge, dont

« . . . . la mort, d'une ombre noire,

« Enveloppe avec eux leur nom et leur histoire. »

Nous ne terminerons pas ce chapitre sans mentionner quelques contradictions, en ce qui touche la naissance de Lyderik. Le premier né de la dynastie forestière est, suivant les uns, issu d'un sang royal de Portugal ; suivant les autres, il descend de Yolente, fille d'un prince des Rutènes (peuples du Nivernais), possesseur d'une vaste étendue de terrain en Nivernais ou en Auvergne (autrefois Arvernes, patrie du poète Sidonius Appollinaris, banni, au Ve siècle, par le roi des Visigoths). La plupart des documents affirment que notre héros dut le jour à Ermengarde, tandis que d'autres regardent celle-

ci comme femme de Lyderik II, et ce dernier comme étant aussi d'extraction royale portugaise. Tantôt l'on marie le fondateur de notre cité à Gratienne,
tantôt à Rothilde, fille de Clotaire II ou de Dagobert
1er. Toutes les prétendues filiations de cette race
sont loin de coïncider entre elles, tant sous le rapport des dates assignées que sous celui de l'indication
des faits. Nous avons recherché dans les chronologies
si l'un des rois du VIIe siècle avait eu un enfant du
nom de Rothilde, et nous n'avons trouvé qu'une
Rathilde, fruit de l'alliance de Dagobert II, petit-fils
de Dagobert 1er, avec Rachtilde ou Mathilde. Rothilde
naquit en Irlande pendant l'exil de Dagobert, exil qui
se prolongea de 636 à 673. Elle eut deux sœurs :
Irminie, fiancée à un comte Herman, retirée à Trèves dans un monastère, à la suite de la mort de son
fiancé, et Adèle, unie à Alberik, et décédée veuve
dans un couvent des bords de la Moselle. On cite
encore une Rothilde ou Rathilde, femme de Thierri
1er, roi de France, et mère de Clovis III et de Childebert III. Quant à Yolente ou Yolande, on ne lui
connaît d'homonyme qu'une comtesse de Nevers,
fille de Eudes IV, duc de Bourgogne, et une comtesse de Bretagne, qui vivait au commencement du
XIIIe siècle.

CHAPITRE CINQUIÈME.

Il y a évidemment dans la légende qui précède
des anecdotes invraisemblables, des puérilités même
auxquelles on ne peut ajouter foi. En voulant tempé-
rer la gravité de l'histoire par le charme du merveil-
leux ; en entremêlant de fables le récit véridique des
actions du forestier, l'ignorance et l'imagination ar-
dente des barbares ont rendu la vérité méconnais-
sable sous le travestissement de la fiction. Il y a
pourtant de la réalité au fond de la tradition popu-
laire, et Vredius se trompe dans ses conjectures lorsqu'il suppose que le sujet de la légende de Lyderik a
pu être inspiré par le trait suivant dont Frédegaire
nous a transmis la mention. « En 604, dit l'historien
du VIIe siècle, Théodorik, roi de Bourgogne, ayant
chargé Bertoald de recevoir les droits du fisc dans
les bourgs et cités situés sur les bords de la Seine et
jusqu'à l'Océan, le Maire du Palais se mit en route
sous une escorte de 300 hommes. Arrivé dans le dio-

cèse de Rouen, il se livra aux plaisirs de la chasse sans autorisation de Clotaire, Roi de Neustrie. Ce dernier ayant été instruit du fait donna à son fils Mérovée et à Landerik, Maire du Palais, le commandement d'un corps de troupes avec mission de châtier Bertoald. Les forces ennemies s'étant rencontrées, les deux Maires convinrent de décider de la victoire par un combat singulier. Le duel eut lieu et Bertoald fut tué. » Nous ne voyons aucun rapport entre cet épisode isolé et toutes les aventures de notre héros. Le nom de Landerik et la lutte de ce personnage ont bien une certaine analogie avec le nom et le duel de Lyderik, mais les circonstances des deux combats en champ-clos sont loin d'être identiques. Frédegaire constate un autre duel ordonné en 623 par Clotaire II. Nithard le Noir en signale plusieurs de son temps. « L'accusateur et l'accusé, dit-il, doivent à l'honneur, suivant un préjugé Frank qui remonte à la plus haute antiquité, de se combattre le fer à la main en présence du roi et de tout ce qui compose le conseil de la nation. » Frédegaire nous montre encore Dagobert conduit à une chapelle de la forêt de Chantilly par un cerf qu'il poursuivait. Il ne serait pas moins absurde d'admettre que, sur cette simple donnée. on se fut évertué à écrire un roman. Le duel de Lyderik et de Phinart, comme la biche dont Clotaire suivit la course, sont des faits d'une importance trop secondaire pour fournir l'idée d'une légende; et d'ailleurs, l'argument le plus puissant à opposer à l'opinion de Vredius, c'est la solution du problème de l'existence de Lyderik. Nous sommes parvenus à nous procurer la preuve de la réalité du fondateur de notre ville. Douze siècles, vingt-quatre générations nous séparent de ce forestier, et durant ce laps de temps, le peuple, les historiens, les poètes, les artistes, les magistrats même se sont efforcés de perpétuer la mémoire du héros de la Flandre. Un grand nombre de documents témoignent de la véracité de cette assertion. Il nous suffira d'en invoquer quelques uns.

Le 15 mars 1417, les Brugeois de la société de l'*Ours Blanc* prirent la résolution de faire renaître la *Fête du Forestier* tombée en désuétude.

Le 12 avril 1825, le conseil municipal de Lille, voulant rétablir la fête communale connue sous la dénomination d'*Anniversaire de la procession instituée en* 1269 par Marguerite de Bourgogne, arrêta qu'au mois de juin suivant, l'effigie colossale de Lyderik et celle de Phinart seraient promenées par toute la ville dans les rangs d'un cortége composé des autorités civiles et militaires, des corps administratifs, des députations du commerce et de l'industrie, etc.

Du XIIe au XVIIe siècle, tous les manuscrits sur l'histoire de Flandre ont relaté les aventures du premier né de la race des Bauduin.

En 1633, une histoire particulière de Lyderik a été publiée à Lyon par J. Danxiron.

En 1737, Adrien de la Viefville, comte de Vignacourt, a fait imprimer à Paris un travail sur le même sujet.

Vers la fin du siècle dernier, M. le Comte de Tressan a choisi pour matière d'un roman la légende que nous racontons aujourd'hui.

En 1841, le *Musée des Familles* s'est emparé de la tradition des *gestes* de Lyderik et y a ajouté une foule d'ornements dus à l'imagination de nous ne savons quel écrivain de notre époque.

Dès le XVIe siècle on représentait sur les théâtres de la Flandre des tragi-comédies dans lesquelles figuraient les personnages de Lyderik, d'Ermengarde et de Phinart.

Les ouvrages de Sanderus, de J. et C. Meyseus renferment le portrait de Lyderik, mais n'en garantissent pas la ressemblance.

Les poètes ont eu garde de rester en arrière. Ils ont fait chanter diverses ballades parmi lesquelles nous choisirons la moins pauvre en poésie, pour la reproduire, à l'imitation de M. de Faucompret, traducteur des œuvres de Walter Scoot et auteur d'un roman où sont recueillis avec le plus grand soin les vingt-trois couplets ci-dessous.

1.

Le roi de France, le second des Clotaire,
    Tenait cour plénière à Soissons :
Tous les vassaux et tous les tributaires
    Devant le roi baissaient leurs fronts.

2.

Le chef levé, plein d'une noble audace,
    Arrive un guerrier inconnu.
Bien jeune il est, mais d'une illustre race
    On reconnaît qu'il est issu.

3.

— « Je viens, grand roi, te demander justice. »

— « Tu l'obtiendras, répond le roi.
C'est un devoir qu'il faut que j'accomplisse,
Mais, avant tout, explique toi. »

4.

— « Apprends, d'abord, que je dois la naissance
A Salvaert, duc de Dijon ;
Forcé de fuir son pays et la France,
Il fut tué par un félon.

5.

Voulant gagner une terre étrangère,
Il fuyait avec beaucoup d'or,
Et conduisait ma mère en Angleterre
Trésor plus précieux encor.

6.

Phinart, parent de mon malheureux père,
A Cambrai commandait alors;
De Salvaert, son âme mercenaire,
Voulait envahir les trésors.

7.

De meurtriers une infâme cohorte
Est cachée en un bois voisin ;
Et là mon père, ainsi que son escorte,
Tombent sous le fer assassin.

8.

Tremblant d'effroi, ma mère Emelgaïde
Fuit dans le plus épais du bois.
Pour la sauver, Dieu, lui servant de guide,
Fit un miracle cette fois.

9.

Elle aperçut un modeste ermitage
Qu'un bon solitaire occupait ;
Jadis guerrier, maintenant humble et sage,
Qui dans la retraite y vivait,

10.

Il lui céda sa cellule tranquille,
  Se retira dans un antre voisin ,
La nourrissant de fruits qu'en cet asile
  Il apportait chaque matin.

11.

Deux mois après, je reçus la naissance,
  Et de Lyderik j'eus le nom ;
Tribut payé par la reconnaissance
  A notre digne compagnon.

12.

Mais, de Phinart, un affreux satellite
  Dans le bois vit ma mère un jour ,
Vers le tyran par force elle est conduite ;
  ⊶Il l'enferme dans une tour.

13.

Depuis ce temps, dix-huit fois sur la terre
  Les arbres des bois ont fleuri.
Ma pauvre mère est encore prisonnière,
  Et le tyran n'est pas puni.

14.

Mais, aujourd'hui, je puis brandir la lance,
  Et je sais de qui je suis né ;
Tremble, Phinart ! l'heure de la vengeance,
  Après dix-huit ans, a sonné.

15.

Contre un brigand, assassin de mon père,
  Je demande combat à mort.
Que le champ clos soit ouvert par Clotaire,
  Que Dieu me juge , si j'ai tort. »

16.

— « Je dois partir dans trois jours pour la Flandre,
  Répond le roi : tu m'y suivras.
Je vais mander à Phinart de s'y rendre,

Et sous mes yeux tu combattras. »

17.

Sur un terrain que la Deûle environne,
   Qu'en île ses eaux ont changé,
Le roi paraît, la trompette résonne,
   Et le combat est engagé.

18.

Des deux rivaux, sur la brillante armure,
   On voit le fer étinceler,
Et Lyderik, par plus d'une blessure,
   A déjà vu son sang couler.

19.

Il s'affaiblit, mais il songe à sa mère,
   Avec courage il se défend,
Quels cris j'entends ? Phinard mord la poussière
   Et Lyderik est triomphant.

20.

Emelgaïde a revu la lumière;
   Elle tombe aux pieds du vainqueur,
« — C'est dans vos bras qu'il faut, lui dit Clotaire,
   « Serrer un fils, votre sauveur. »

21.

Il est nommé grand forestier de Flandre,
   Prix d'un courage sans égal.
Bientôt Clotaire en fait aussi son gendre,
   Prix de son amour filial.

22.

Sur le terrain témoin de sa victoire,
   Il se fait construire un palais ;
Et maints guerriers, attirés par sa gloire,
   Viennent s'établir tout auprès,

23.

On voit bientôt une superbe ville
   S'élever du sein d'un marais,
Lyderik dit : « puisque c'était une île,
   Qu'elle soit Lille pour jamais. »

La statuaire est seule demeurée en défaut ; mais l'érection d'un monument à Lyderik est une dette qui échappe à toute prescription, comme les dettes de reconnaissance. On finira probablement par s'en acquitter, bien qu'elle soit contractée depuis douze cents ans, et un habile ciseau nous révélera quelque jour, sous de nobles traits, celui dont les glorieux exploits ont fait palpiter le cœur de tant de générations.

Lire. — Imprimerie de Guillemin.

APPENDICE.

Voici un curieux morceau de la muse Flamande du bon vieux temps. Cette chanson, après avoir joui, malgré ses inexactitudes historiques et autres, d'une grande popularité dans nos parages, s'est effacée peu à peu de la mémoire des populations. Comme il est des personnes qui recherchent encore aujourd'hui le texte des couplets sur Lyderik et Phinard nous l'arrachons à l'oubli dans le seul but d'être agréable aux amateurs.

Air d'Albiac.

1.

Approchez sans attendre,
Venez petits et grands,
Pour voir l'histoire de Flandre
Et le commencement
De la ville de Lille,
Bien bâtie sur sept îles,
Munie de bons remparts.
La chanson historique
Nous fait voir Lyderik
Et l'histoire de Phinard.

2.

En l'année cinq cent-dix
Fut bâti le château,
Là où est Saint-Maurice,
Du forestier Harnaux.
Après trois de sa race,
Phinard vint en sa place,
Sous le règne de Clotaire,
Fortifier sur la Muque
Le grand château du buck,
Par de travaux de terre.

3.

L'ambitieux Phinard,
Et ses soldats mutins,
Rôdaient de toute part,
Pour faire du butin.
En ce temps la Bourgogne
Était fort en besogne
Pour la religion ;
Le duc de Salvaert
Fut battu sur ses terres
Par mille vagabonds.

4.

Fuyant par la campagne,
Ce prince infortuné,
La Bourgogne, la Champagne
Il a abandonné;
Il avait à sa suite
Quelqu'hommes de mérite,
Les plus hardis au coup,
Et son épouse enceinte,
Fuyant saisie de crainte.
Elle suivait son époux.

5.

Le duc de Salvaert
Marchait diligemment,
Pour gagner l'Angleterre
Où tenaient ses parents.
En passant près de Lille,
Où était son asile,
Phinard et ses soldats
L'attendaient au passage
Pour faire un grand carnage,
Se postant sur ses pas.

6.

Ils furent en embuscade
Aux avenues du bois,
Attaquant l'avant-garde,
Et tout ce qui suivait,
A coups de sabre et lance,
Criant tue, tue, avance!
En fort peu de temps
Le père de Lyderick
Par plusieurs coups de pique
Fut mis au monument.

7.

Phinard et ses gendarmes,
Plus de quatre contre un,
A grands coups de leurs armes
Ces cruels importuns,
Mettent tout au cercueil,
Sans qu'il en reste un seul
Du Prince et ses soldats.
Ne restant que madame,
Avec une autre femme
Dans le bois se sauva.

8

L'infortunée princesse,
Cachée sous un buisson,
S'accoucha, de détresse,
D'un beau petit garçon,
Aidée de sa servante.
Malgré son épouvante ;
La mère s'est dépouillée
De ses habits exquis,
Déchira sa chemise
Et l'a emmailloté.

9.

Phinard, cruel, infâme,
Visitant les corps morts,
Ne trouvant pas la femme,
Il commanda d'abord
A ses soldats en rage
De rôder le bocage
Tant qu'on aurait trouvé
La mère de Lyderik.
Aussitôt sans réplique,
Ils ont cherché après.

10.

Elle fondit en larmes,
En entendant la voix
De ces cruels gendarmes
Qui parcouraient le bois.
Prévoyant son revers,
Sous un buisson couvert,
Elle cacha son poupon,
Dit d'une triste œillade,
Ciel je vous donne en garde
Mon aimable garçon.

11.

Lors, cette troupe infâme,
Dans le bois, à l'écart,
Elle a pris cette femme,
La menant à Phinard
Qui était sur la Muque,
Dans le château du Buck ;
La fit emprisonner.
Dans ces malfaits s'enivre,
Il la retint captive
Bien près de vingt années.

12,

Un ermite au bocage
Allant puiser de l'eau,
Près de son ermitage,
A la fontaine de le Saulx,
Il entendit criante,
Une voix languissante,
Pleurer amèrement.
Dedans le bois s'enfonce,
Il trouva sous les ronces
Le beau petit enfant.

13.

Par charité humaine,
Voyant cet innocent,
De l'eau de la fontaine
Sitôt le baptisant,
Et pour nom de baptême
Le nomma à l'heure même
Lyderik comme lui ;
Par un don fraternel
Et le secours du ciel
L'enfant il a nourri.

14.

Cet ermite très-sage
Sitôt l'a emporté
Dedans son ermitage
Il le fit allaiter
Sitôt par une chèvre.
En approchant les lèvres
Il suçait joliment ;
L'élevant de la sorte,
Il le tint dans sa grotte
Jusqu'à ce qu'il fut grand.

15.

Quand il eut atteint l'âge
Du bon sens, la raison ;
L'ayant rendu bien sage
Par éducation,
Lui déclarant d'avance,
Le rang et la naissance
De Salvaert son père,
Que Phinard, ce grand traître,
S'en était rendu maître,
Et qu'il tenait sa mère.

16.

Quoiqu'en un lieu désert,
L'avait instruit, vraiment,
Que le roi d'Angleterre
Lui était très parent.
Lyderik, sans doutance,
Dit: j'en aurai vengeance !
Il a occis mon père,
Sans cause légitime.
Il en sera victime
Et je prendrai ma mère.

17.

De ce lieu solitaire,
L'ermite l'envoyant
Tout droit en Angleterre
Pour y voir ses parents ;
Dans peu de temps s'avance,
De joûter à la lance,
Et autres exploits guerriers,
D'un courage sans égal,
Pour monter un cheval,
Il était le premier.

18.

S'étant dressé en guerre,
S'en alla à Soissons
Trouver le roi Clotaire,
Le second de ce nom,
Qui était roi de France.
Très humblement s'avance,
Près de Sa Majesté :
Il se mit en devoir
De conter son histoire
Et infortunité.

19.

Commençant par Phinard
Son triste compliment,
Disant que ce barbare
Avait injustement
Attaqué son cher père,
Et qu'il tenait sa mère
Encore dans la prison :
Priant le roi de France
De prendre sa vengeance
Sous sa protection.

20.

Déjà le roi de France,
Indigné de Phinard,
De ses extravagances
Causées de toutes parts,
Lui envoyant une lettre
Que Phinard se tint prêt
De recevoir combat,
Et que le roi de France
Y serait en présence
Pour y voir le débat.

21.

D'un courage authentique,
Accompagné du roi,
On vit venir Lyderik
Pour combattre, en grande joie
Bien monté à cheval.
Et le champ de bataille
Fut choisi près de l'eau,
Auprès de Saint-Maurice,
Le lieu le plus propice
Où était le château.

22.

Phinard, devant la France
Voulut nier son fait.
Il lui dit : prends ta lance,
Je connais ton forfait!
Sont armés de cuirasses,
De casques et de rondaches,
A la mode du temps ;
Frappant de toc et taille
Lyderik à la bataille :
Il n'avait que vingt ans.

23.

L'un sur l'autre s'avancent,
En courant au plus fort,
Cassant, brisant leurs lances,
Frappant dessus le corps.
Phinard, d'un coup fatal,
Tomba de son cheval.
Lyderik à la même heure,
Sitot mit pied à terre.
Plus vite qu'un éclair,
Il lui perça le cœur.

24.

D'une voix authentique,
Le voyant aux abois,
Tout crie: vive Lyderik!
Très applaudi du roi
Il se fit sans attendre
Grand Forestier de Flandre,
Et de la part du roi,
Courant d'un pas léger
Déprisonner sa mère,
L'embrassa mille fois.

25.

Lyderik fut exact
Et fort industrieux ;
Temps en temps fit abattre
Les bois, et peu à peu,
De marécages et îles
Il a commencé Lille.
Voilà onze cents ans,
Sans cesse, qu'on travaille,
A la fin ces murailles
Seront encore plus grandes.

26.

L'endroit que l'on appelle
Communément Pont-de-Fin,
Avant cette querelle
Etait Pont-de-Seclin.
Phinard l'avait fait faire.
Pour passer sur ses terres
On dounait un denier :
Un cheval et un homme,
Avec cette somme,
Vivaient une journée.

FIN.